Дерек Принс

ЕСЛИ ВЫ ЖЕЛАЕТЕ ЛУЧШЕГО БОЖЬЕГО...

КНИГИ ДЕРЕКА ПРИНСА
переведенные на русский язык

Наименование:

Библейское лидерство: Наблюдайте за собой /
Что значит быть мужем Божьим?

Библия, философия и сверхъестественное

Благая Весть Царства

Благодарение, хвала и поклонение

Благодать уступчивости (Благодать повиновения)

Благословение или проклятье: тебе выбирать!

Бог — Автор брачных союзов

Бог написал сценарий твоей жизни

Божий план для твоих денег

Божье лекарство от отверженности

Вера, которой жив будешь (Вера как образ жизни)

Вехи моей жизни / Уверенность в Божьем избрании

Влияние на историю через пост и молитву

Война в небесах

Входя в Божье присутствие

Духовная война

Если вы желаете самого лучшего Божьего

Завет

Защита от обольщения / Что есть истина?

Искупление

Как быть водимым Духом Святым

Как найти план Божий для своей жизни

Как правильно поститься

Как применять кровь Иисуса

Как слышать голос Божий

Крещение в Святом Духе

Кто позаботится о сиротах, бедных и угнетенных?

Люцифер разоблаченный

Мужья и отцы

Мы будем изгонять бесов

Наш долг Израилю

Обмен на кресте

Отцовство

Погребение посредством крещения

Последнее слово на Ближнем Востоке

Пособие для самостоятельного изучения Библии

Пророческий путеводитель Последнего Времени

Путь ввех — путь вниз

Путь посвящения

Пятигранное служение

Расточительная любовь

Сборник №1: Первое поприще / Колдовство — враг общества №1 / Чужой епископ

Сборник №2: Духовная слепота: причина и лечение / Как проверять необычные проявления / Хлебопреломление

Святой Дух в тебе

Святость

Сила провозглашения

Согласиться с Богом

Струны арфы Давида

Судить: где? когда? Почему?

Твердое основание христианской жизни

Уверенность в Божьем избрании

Церковь Божья

Шум в церкви

Дерек Принс

ЕСЛИ ВЫ ЖЕЛАЕТЕ САМОГО ЛУЧШЕГО БОЖЬЕГО...

2011

IF YOU WANT GOD'S BEST
Derek Prince

Derek Prince Ministries – International
P.O.Box 19501
Charlotte, NC 28219-9501
USA

ЕСЛИ ВЫ ЖЕЛАЕТЕ САМОГО
ЛУЧШЕГО БОЖЬЕГО
Дерек Принс

Переведено и издано
Служением Дерека Принса на русском языке
Translation and publication by Derek Prince Ministries – Russia

Вы можете написать нам по адресу:
Служение Дерека Принса
а/я 72
Санкт-Петербург
191123
Россия

Служение Дерека Принса
а/я 3
Москва
107113
Россия

ISBN: 978-1-78263-055-5

Вы можете обратиться к нам через интернет:
info@derekprince.ru

или посетить нашу страницу:
www.derekprince.ru

DEREK
PRINCE
MINISTRIES
RUSSIAN WORLDWIDE

СОДЕРЖАНИЕ

ЕСЛИ ВЫ ЖЕЛАЕТЕ САМОГО ЛУЧШЕГО БОЖЬЕГО...

Названием этой книги является незаконченное предложение: «Если вы желаете самого лучшего Божьего...». Вступительное слово «если» сразу ставит вас перед выбором. Желаете ли вы самого лучшего Божьего... или нет? Незавершенная вторая часть этого предложения дает возможность мне поделиться с вами восемью советами, следование которым поможет вам, если вы решите, что действительно желаете самого лучшего Божьего.

Глава 1

ПЛОДОНОСНОЕ СЕРДЦЕ

Наши личные взаимоотношения с Богом никогда не бывают односторонними, — как говорится: «улицей с односторонним движением». Здесь всегда присутствуют две стороны; всегда есть два направления движения. С одной стороны — те возможности, которые Бог открывает для нас; с другой стороны — как мы реагируем на то, что Бог открывает нам. Опыт нашей жизни будет зависеть от взаимодействия того, что Бог открывает нам, и того, как мы откликаемся на это.

Это очень ясно проиллюстрировано в притче Иисуса о сеятеле. Эта притча о человеке, который вышел сеять в поле, и его семена упали на четыре различных вида почвы. Первый вид почвы: часть семян упала *вблизи дороги* и, поскольку земля была твердой и утрамбована ногами прохожих, семя даже не проникло в почву. В результате, птицы небесные склевали семя, и оно не произвело ничего.

Второй вид почвы: часть семян упала *на каменистую почву*. Семя проникло на маленькое расстояние, где его корни уперлись в камень и оно начало расти слишком быстро, не углубившись корнями. Но когда наступил зной, семя засохло и также не произвело ничего.

Третий вид почвы — *среди терний*, там семя росло вместе с терниями, которые, в конечном итоге, заглушили его. Оно не получило достаточно воздуха и питания, и поэтому тоже не принесло никакого плода.

Наконец, четвертый вид почвы назван *доброй почвой*.

В этой книге мы не будем рассматривать первые три вида почвы. Мне хотелось бы сосредоточить наше внимание на том, что, как я полагаю, является целью, ради которой Иисус рассказал эту притчу. Он стремится найти добрую почву, чтобы произвести Свою работу. Надеюсь, что обращаюсь к людям, чьи сердца являются доброй почвой. Вот что говорил Иисус о доброй почве и семени, упавшем в нее, в Евангелии от Матфея 13:23:

> *Посеянное же на доброй земле означает слышащего слово и разумеющего, который и бывает плодоносен, так что иной приносит плод во сто крат, иной в шестьдесят, а иной в тридцать.*

Заметьте, человек, приносящий плод, имеет два ключевых качества: 1) он *слышит* слово, и 2) он *понимает* его. Это истинно для всякого, кто представляет собой добрую почву. Однако даже среди людей, являющихся доброй почвой и приносящих урожай, есть существенная разница в объеме урожая, который они производят. Одни приносят плод во сто крат от посеянного, другие — в шестьдесят, а третьи — лишь в тридцать крат. Интересно заметить, что урожай первого семени больше даже суммы урожаев двух остальных. Этот принцип прослеживается через все Слово Божье. Люди, действительно посвятившие себя максимальной продуктивности, гораздо более плодоносны, чем люди, чья плодоносность только частичная.

Мне бы хотелось сосредоточить наше внимание на стократной мере, что представляет собой людей, которые хотят и достигают самого лучшего Божьего. В другой записи этой же притчи, в Евангелии от Луки 8:15, мы находим важное уточнение Иисуса, которое Он сделал о доброй почве:

А упадшее на добрую землю, это те, которые услышавши слово, хранят его в добром (в других переводах: «хорошем, прекрасном, благородном, честном» — примеч. редактора) *и чистом сердце и приносят плод в терпении.*

В этом описании мы видим два ключевых момента, которые оба относятся к теме самого лучшего Божьего. Во-первых, это **качество сердца**. Оно описывается как *доброе* и *чистое* (в другом переводе *честное*). Итак, первое условие — честность, открытость, верность и искренность сердца, которое ничего не скрывает, не раздвоено и не имеет двойных стандартов. Таково первое требование.

Во-вторых, эти люди реагируют на слово трояко: 1) они *слышат* слово, 2) они *сохраняют* его, и 3) производят плод в *терпении*. Эти три пункта очень важны в связи с нашей темой, и я хочу подчеркнуть и повторить их: 1) слышание слова, 2) сохранение слова и 3) терпение. В действительности, **терпение — это ключ** к нашей теме «Если вы желаете самого лучшего Божьего...».

Принцип, раскрываемый в этой притче, ставит каждого из нас перед необходимостью сделать личное решение. Невозможно переоценить важность решения для жизни и хождения в вере. Так много людей не осознают, что **направление нашей жизни зависит, в конечном итоге, от сделанных нами решений**, а не от наших чувств.

Решение, с которым встречается каждый из нас, следующее: *Сколько я стремлюсь произвести?* Удовлетворюсь ли я тридцатикратным приростом? Намерен ли я получить в шестьдесят раз больше? Или я стремлюсь к самому лучшему Божьему и моя цель — произвести во сто крат? Вы стоите перед необходимостью сделать это решение. Сам факт, что вы сейчас читаете эту книгу, автоматически ставит вас перед решением: *Действительно ли, вы намерены достичь самого лучшего Божьего?* Собираетесь ли вы поставить цель — сто крат, или быть довольным шестидесяти- или тридцатикратным плодом?

Ответ вашего сердца определит тот уровень, который вы достигнете. Как уже было сказано: наши взаимоотношения с Богом — это дорога с двусторонним движением. С одной стороны есть то, что Бог делает доступным нам, с другой стороны — как мы отреагируем на эту возможность, данную нам Богом. ***Решающим в вашей жизни будет то, как вы отреагируете.***

В толковании этой притчи, данном в восьмой главе Евангелия от Луки, мы находим три составляющие должного ответа: 1) слышание Слова Божьего; 2) сохранение его; 3) терпение, в котором вы действуете.

В следующей главе мы проясним некоторые моменты, которые необходимы вам, если вы желаете самого лучшего Божьего. Я покажу вам некоторые конкретные применения этих принципов. Это будет сделано на основании: во-первых, Писания; во-вторых, моего личного духовного опыта, которому более сорока лет; и в-третьих, моих личных наблюдений за жизнью других людей. Я имел привилегию сотрудничать со многими христианами различного происхождения, различных рас и стран, и я пытался тщательно изучать тех, кого считал успешными (в Библейском понимании этого слова), «стократными» людьми. Я постарался научиться принципам успеха из их примера. Вот чем я поделюсь с вами: принципами успеха — что вам следует делать, если вы желаете самого лучшего Божьего?

Глава 2

БОГ ПРЕДУСМОТРЕЛ И ОБЕСПЕЧИЛ ВСЁ НЕОБХОДИМОЕ

Мне бы хотелось поделиться двумя важными Библейскими истинами, связанными с продуктивностью или плодоносностью. Я верю, что если вы сможете понять две эти истины, они создадут в вас такую веру, которая необходима вам, чтобы стать полностью продуктивным. Первая истина такова: **Бог хочет, чтобы все мы были плодоносны.** Это абсолютно ясная воля Божья. И это не тот вопрос, в котором могут произойти изменения. Это абсолютная истина от самого момента сотворения человека. Бог сотворил человека именно для этой цели. Это утверждено в книге Бытие 1:27-28, где мы читаем описание сотворения человека и цели, для которых Бог сотворил его.

И сотворил Бог человека по образу Своему, по образу Божию сотворил его; мужчину и женщину сотворил их. И благословил их Бог, и сказал им Бог: плодитесь и размножайтесь, и наполняйте землю, и обладайте ею, и вла-

дычествуйте над рыбами морскими, и над птицами небесными, и над всяким животным, пресмыкающимся по земле.

Существуют пять моментов, которые Бог желает от человека: во-первых, *быть плодоносным*; во-вторых, *размножаться*; в-третьих, *наполнять землю*; в-четвертых, *обладать ею*; и в-пятых, *владычествовать над нею*. Позвольте мне повторить эти пять ключевых слов, которые выражают Божью волю:

1. Быть плодоносным
2. Размножаться
3. Наполнять
4. Обладать
5. Владычествовать и управлять

Вот для чего был сотворен человек. Божьи цели не меняются. Их исполнение может быть замедленно из-за ошибок и недостатков людей, но, в конечном итоге, Бог всегда будет идти к достижению Своей цели. В новом творении, в Иисусе Христе, эта Божья цель восстановлена вновь. Это показано очень ясно во многих местах Нового Завета. В частности, вот как молится апостол Павел за христиан, которым он служил. Эта замечательная молитва записана в Послании к Колоссянам 1:9-12, и все ударение в ней сделано на позитивном. Каждое слово в этой молитве положительно. Нет ни одного отрицательного слова во всей молитве.

Посему и мы с того дня, как о сем услышали, не перестаем молиться о вас и просить, чтобы вы исполнялись познанием воли Его, во всякой премудрости и разумении духовном, чтобы поступали достойно Бога, во всем угождая Ему, принося плод во всяком деле благом и возрастая в познании Бога, укрепляясь всякою силою по могуществу славы Его, во всяком терпении и великодушии с радостью, благодаря Бога и Отца, призвавшего нас к участию в наследии святых во свете...

Позвольте мне отметить все положительные слова. Прежде всего, Павел называет нас *«исполняющимися познанием»* Божьей воли — мы не просто где-то внутри себя имеем познание Божьей воли, а наполнены им. Оно приходит благодаря *«всякой премудрости и разумению духовному»*, не в какой-то, а ***во всякой*** премудрости духовной.

Затем он молится, чтобы эти христиане *«во всем угождали Богу»* (в другом переводе: *«вели такую жизнь, которая бы во всем была угодна Богу»* — примеч. редактора). Не угождали Ему только в чем-то, но угождали Ему ***во всем***. Он молится, чтобы они приносили плод ***«во всяком деле благом»***. Это стократный плод, *«во всяком деле благом и возрастая в познании Бога»*.

«Укрепляясь всякою силою по могуществу славы Его»; опять-таки, не какой-то силою, но ***всякой*** силою, чтобы в результа-

те мы могли обладать *всяким терпением и великодушием* (во всех других переводах речь идет от «долготерпении, настойчивости, стойкости, выносливости с радостью» — примеч. редактора)». Терпение является одним из ключевых слов в притче о сеятеле. Он хочет, чтобы мы были *«в терпении и великодушии с радостью»*.

В заключение Павел говорит о том, что Бог Отец *«призвал нас к участию в наследии святых во свете»*. Бог предусмотрел для нас то, что является необходимым для вступления в наше наследие, в Царство света.

Божья воля определена навсегда в Слове Божьем. Он хочет, чтобы мы были плодоносны. Он хочет, чтобы мы приносили плод, преуспевали во всяком добром деле и угождали Ему во всем. Он также обеспечил нас всем необходимым для того, чтобы мы могли сделать это. Мы уже увидели, что Бог хочет, чтобы мы были плодотворны во всяком добром деле. Это есть воля Божья. **Поэтому вопрос стоит не о Его воле, а о нашем ответе на Его волю.**

Вторая истина, которую я хочу подчеркнуть: **Бог предусмотрел все необходимое для этого.** Мы видели из молитвы Павла, что Бог снарядил нас или подготовил нас для того, чтобы мы заняли свое место в *«наследии святых во свете»*. Эта истина с самых разных сторон подчеркнута в Новом Завете. Вот очень сильное утверждение, что Бог обеспечил полное провидение.

Второе послание Петра 1:3-4:

Как от Божественной силы Его даровано нам все потребное для жизни и благочестия, через познание Призвавшего нас славою и благостию, которыми дарованы нам великие и драгоценные обетования, дабы вы чрез них соделались причастниками Божеского естества, удалившись от господствующего в мире растления похотью...

Обратите внимание на вступительную фразу: «*Как от Божественной силы Его...*». Его Всемогущество и безграничная сила — этим «*... даровано нам все потребное для жизни и благочестия*». Позвольте подчеркнуть это: **Бог уже дал нам все необходимое для жизни и благочестия**. Обеспечение приходит двумя взаимосвязанными путями: 1) «*...через познание Призвавшего нас*», т.е. через познание Иисуса Христа; 2) через «*...великие и драгоценные обетования*». Мы получаем Божье обеспечение через познание Иисуса Христа и через принятие обетовании Божьего Слова.

В связи с этим я часто использую фразу, которая не потеряет своей актуальности, насколько бы часто мы ее не повторяли: **Обеспечение находится в обетованиях**. В обетованиях Слова Божьего содержится все то, в чем мы можем когда-либо нуждаться. Вы можете сказать: «Ну, если Бог дал нам полное обеспечение, где же оно?» Ответ такой: оно всё находится в обетованиях Слова Божьего. Насколько вы принимаете эти обетования, настолько вы открываете обеспечение.

Существуют два чудесных результата принятия обетовании. Во-первых, благодаря этому мы становимся причастниками Божественной сущности («Божеского естества»). Природа Самого Бога входит в нас и мы принимаем участие в Его Собственной Божественной сущности. Во-вторых, логическим следствием этого является то, что, тем самым, мы удаляемся от господствующего в мире растления похотью. Что вы скажете об участии в естестве Самого Бога и удалении от растления похотью? Захватывает ли вас такая возможность? Бог предусмотрел полное обеспечение для этого. Он даровал нам возможность осуществить это. Все необходимое уже дано нам.

Итак, мы имеем две стороны. С вашей стороны, *если вы желаете* самого лучшего Божьего; и со стороны Бога, **Он желает** этого для вас и предусмотрел полное обеспечение для этого. Таким образом, ключевым является решение: Действительно ли вы желаете самого лучшего Божьего? Существует одно, что Бог за вас делать не будет. Он не сделает за вас вашего решения. **Вы должны сами принять решение стремится к самому лучшему Божьему.**

Глава 3

НЕ СОГЛАШАЙТЕСЬ НА МЕНЬШЕЕ

Мы рассматриваем тему «Если вы желаете самого лучшего Божьего...», и вот условие номер один, — *желайте самого лучшего Божьего*. Насколько вы осознаете это? Если вы желаете самого лучшего Божьего, в таком случае первое, что вы должны сделать, это настроить свой разум на самое лучшее Божье. Это первейшее ключевое решение. Вы должны стремится к самому лучшему Божьему и принять решение, что вы не согласитесь на что-то меньшее, чем то лучшее, что Бог предлагает вам. Бог не будет навязывать этот выбор нам. Это остается нашим решением, которое сделаем только мы.

Мне хотелось бы проиллюстрировать этот принцип историей жизни братьев-близнецов: Иакова и Исава. Мы вынесем из этого примера то, что, как я полагаю, является ключевым принципом. Господь сделал несколько очень важных утверждений в Писании об Иакове и Исаве. Например, в Книге пророка Малахии 1:2-3, Господь говорит Израилю, который является потомками Иакова:

...Не брат ли Исав Иакову? (Ответ: да, действительно, он его брат-близнец) *...Однако же Я возлюбил Иакова, а Исава возненавидел...*

Обратите внимание на это. Они были братья-близнецы, но Бог сказал: *«Иакова Я возлюбил, а Исава Я возненавидел».* Божье отношение к двум братьям было полностью противоположно. Он возлюбил одного и возненавидел другого. Комментарий по этому поводу дан апостолом Павлом в Послании к Римлянам 9:10-13, где он пишет об этих братьях-близнецах:

И не одно это; но так было и с Ревеккою, когда она зачала в одно время двух сыновей от Исаака, отца нашего. Ибо, когда они еще не родились и не сделали ничего доброго или худого, — дабы изволение Божие в избрании происходило не от дел, но от Призывающего, — сказано было ей (т.е. Ревекке)*: «больший* (т.е. Исав) *будет в порабощении у меньшего»* (т.е. у Иакова). *Как и написано: «Иакова я возлюбил, а Исава возненавидел».*

Итак, они родились не только от одной матери, они родились от одного отца, да еще были близнецами.

Этот отрывок из Писания поднимает два очень важных вопроса. Первый: Что Бог увидел в Иакове такое, что Он одобрил? Второй: Что Бог увидел в Исаве такое, что Он осудил? Или еще короче: почему Бог возлюбил Иакова и возненавидел Исава?

Позвольте мне вкратце обрисовать их характеры, согласно Писанию. Начнем с Исава. Это был, что называется: «наш парень». Сильный, стремительный, мужественный охотник. (Этакий «ковбой из книги Бытие». Он жил так, как хотел.) Но и никому не мешал. Исав был любимцем своего отца. И он не был подходящей парой своему расчетливому брату-близнецу Иакову, который одерживал верх над ним всякий раз, когда они сталкивались.

А каким же был его брат? Иаков был холодно-практичным, целеустремленным, но неразборчивым в средствах достижения своих целей. Из всякой сделки он обязательно извлекал выгоду. О таких говорят: *«он своего не упустит»*. Это качество, которое никто в других не любит. Он приобрел право первородства от Исава за миску супа. Когда его брат был голоден, Иаков убедил его продать это бесценное право первородства всего лишь за миску супа. Чем это можно назвать, как не ловкой сделкой! Он обманул своего отца, получив благословение. Он выкрутился из сложного положения и схватил удачу за хвост, обведя вокруг пальца Лавана, приходившегося ему одновременно и дядей и тестем. Итак, вряд ли кто-нибудь назовет Иакова «нашим парнем». Сегодня большинство людей избрали бы Исава. Однако Бог выбрал не его.

Почему Бог предпочел Иакова? Предложу вам одну основную причину, которая, как я верю, является ключом всего. **Иаков ценил то, что предлагал Бог; Исав был безразличен.**

В Послании к Евреям мы находим Библейскую оценку тому, что Бог думает о равнодушии. Его взгляд на равнодушие весьма отличается от взгляда большинства христиан. Вот какой комментарий поведению Исава дан в Послании к Евреям 12:15-17:

Наблюдайте, чтобы кто не лишился благодати Божией; чтобы какой горький корень, возникнув, не причинил вреда, и чтобы им не осквернились многие; чтобы не было между вами какого блудника, или нечестивца, который бы, как Исав, за одну снедь отказался от своего первородства. Ибо вы знаете, что после того он, желая наследовать благословение, был отвержен; не мог переменить мыслей отца, хотя и просил о том со слезами.

(Слово *«отца»* в Синодальном переводе выделено курсивом — это означает, что его нет в оригинале. Большинство других переводов говорят о том, что Исав *«не мог изменить свое мышление* (на греческом языке *«покаяться»* означает *«переменить мышление»*) — не находил покаяния, хотя искал благословения со слезами»* и *«в его сердце не нашлось места подлинному раскаянию, и был* *он отвергнут»* (как здесь не вспомнить горечь без покаяния Иуды Искариота) — примеч. редактора.)

Заметьте, как описан Исав. Он назван нечестивцем, и поставлен на тот же уровень, что и половой извращенец. Он удостоился такого название также потому, что за одну снедь, за миску супа, он продал свое право наследия. Писание говорит: *«Исав презрел свое первородство».* Вы должны понять, что по Божьим меркам быть равнодушным к тому, что предлагает Бог, это нечестиво, и Бог ненавидит такое отношение.

Давайте посмотрим на противоположную сторону — на отношение Иакова к тому, что предлагает Бог. Рассмотрим всего лишь одно ключевое событие. Иаков возвращался в свою землю и ночью встретил человека, который оказался ангелом, т.е. посланником Божьим. Как вы вспомните, он боролся с этим человеком всю ночь. Это так характерно для Иакова, потому что по своей натуре он был тем, кто постоянно борется. Бытие 32:24-28:

> *И остался Иаков один. И боролся Некто с ним, до появления зари; И, увидев, что не одолевает его, коснулся состава бедра его, и повредил состав бедра Иакова, когда он боролся с Ним, И сказал: отпусти Меня; ибо взошла заря. Иаков сказал: не отпущу Тебя, пока не благословишь меня. И сказал: как имя твое? Он сказал:*

Иаков. И сказал: отныне имя тебе не Иаков, а Израиль; ибо ты боролся с Богом, и человеков одолевать будешь.

Имени Израиль здесь дано такое толкование: «борющийся с Богом». Это так характерно! Иаков был борющимся — но при этом он обладал одним ключевым качеством: он желал самого лучшего Божьего. Иаков сказал ангелу: *«не отпущу Тебя, пока Ты не благословишь меня».* Верю, что именно это было ключом к Божьему благоволению по отношению к Иакову. Бог не смотрел сквозь пальцы на недостатки характера Иакова — в этом отношении Бог никогда не занимается попустительством. Но поскольку Иаков был настроен на то, чтобы получить самое лучшее, что только он мог получить от Бога, и не был согласен на меньшее, то Бог постепенно смог разобраться с ним и его характером, и сделать из него такого человека, каким Он хотел его видеть. Но чтобы это произошло, Богу необходимо было иметь эту стартовую позицию — решение Иакова не соглашаться на меньшее, чем самое лучшее Божье.

Хочу спросить вас: Сделаете ли вы такое же решение: что вы не согласитесь на меньшее, чем самое лучшее Божье?

Если вы желаете самого лучшего Божьего: желайте самого лучшего!

Глава 4

СФОКУСИРУЙТЕ СВОЙ ВЗГЛЯД НА ИИСУСЕ

Вот второй вариант завершения этого предложения: «Если вы желаете самого лучшего Божьего, — **сфокусируйте свой взгляд на Иисусе**». Давайте начнем с Послания к Евреям 12:1-2:

Посему и мы, имея вокруг себя такое облако свидетелей, свергнем с себя всякое бремя и запинающий нас грех, и с терпением будет проходить предлежащее нам поприще, взирая на начальника и совершителя веры, Иисуса...

В сказанном выше мы находим несколько логичных последовательных шагов. Во-первых, здесь говорится о том, что мы окружены большим числом свидетелей. Это сноска на предыдущую 11-ю главу Послания к Евреям, где упомянуты великие святые Ветхого Завета, которые были успешны в выполнении Божьей цели, — люди нашедшие самое лучшее Божье. Здесь сказано, что **нас окружает облако свидетелей**, которые прошли испытания в своей жизни и на опыте убедились, что действительно можно найти самое лучшее Божье. Итак, это является отправной точкой увещевания Павла.

Во-вторых, он говорит, что если мы желаем достичь самого лучшего Божьего, то это **будет означать преодоление дистанции**, подобно марафонскому забегу. Для того, чтобы добиться успеха, нам необходимо освободиться от всего, что может затруднять наш бег. Атлет не несет на себе ни одного грамма лишнего веса — ни в себе, ни на себе. В нашем случае — это грех, который легко запутывает нас. Поэтому мы должны убедиться, что нет ничего, что спутывает нам ноги и мешает нам.

В-третьих, мы должны преодолевать дистанцию **с терпением, стойкостью и настойчивостью**. Я уже указывал ранее, приводя пример доброй почвы в притче о сеятеле, что там было три условия: слышание слова, хранение слова и приношение плода в терпении.

Заложив такое основание для успеха, Писание затем переходит к тому, что, как я считаю, является решающим фактором во всем: *«Взирая на начальника и совершителя веры, Иисуса...»*. Это ключ к успеху: взирайте на Иисуса, не отводите глаз от Него.

Библия говорит, что **Иисус является для нашей веры, как Начальником** (от Кого она берет начало), **так и Совершителем** (Кто доводит ее до совершенства, до конца). Говоря проще, Он начинает в нас веру, и Он совершает ее.

Мы, возможно, все осознаем, что Иисус дает начало, но иногда мы забываем тот факт, что Иисус также приводит к совершенству. Если мы хотим, чтобы наша вера была совершенна, мы должны проходить свой путь взирая на Иисуса. Недостаточно начать, смотря на Иисуса, а затем отвлечься и смотреть на что-то еще. Если мы поступаем так, то наша вера никогда не будет совершенна.

В связи с этим мне хотелось бы отметить три простых факта, каждый из которых является причиной, почему мы должны продолжать взирать на Иисуса.

1. Иисус наш Господь. Мы можем войти в спасение только исповедовав Иисуса своим Господом. Но если Он наш Господь, тогда наша первейшая задача — угождать ему. Именно в этом смысл исповедания Его своим Господом. Нам необходимо постоянно держать свой взор на Иисусе, дабы быть уверенными, что все, что мы делаем, угодно Ему. Если в какой-то момент, взирая на Него, мы видим, что совершаемое нами не угодно Ему, то это достаточно веская причина, чтобы не делать этого. Но мы не сможем понять Его неодобрение, если не будем держать свои глаза направленными на Иисуса.

2. Иисус является единственным стандартом праведности. Это видно из утверждения, сделанного Павлом жителям Афин в Деяниях 17:31:

Ибо Он (Бог) назначил день, в который будет праведно судить вселенную, посредством предопределенного Им Мужа, подав удостоверение всем, воскресив Его из мертвых.

Божьим Судьей этого мира будет Человек, Которого Бог воскресил из мертвых — Иисус Христос. Бог собирается судить мир согласно праведности посредством этого Человека.

Отсюда мы делаем два вывода: Иисус есть Судья, и Он также является стандартом праведности. Мы будем судимы по стандарту Иисуса. Важно видеть, что Бог имеет только один стандарт праведности. Если мы хотим знать, что есть праведно в глазах Бога, единственное направление, в котором нам следует искать ответ — это Иисус. Мы можем видеть христиан, которые делают то, чего Иисус не сделал, но мы не можем принимать их в качестве нашего стандарта праведности, потому что это не Божий стандарт. Чтобы найти Божий стандарт праведности, мы должны постоянно держать свои глаза направленными на Иисуса.

3. Иисус является нашим образцом и примером. В Первом послании Петра 2:21 сказано:

Ибо вы к тому призваны; потому что и Христос пострадал за нас, оставив нам пример, дабы мы шли по следам Его.

Иисус есть наш пример, потому что Он прошел путь впереди нас. Чтобы следовать в правильном направлении, мы должны видеть, где Он ставил Свои шаги, и направлять свои стопы по Его следам — ставить свою ногу на Его след. Все это включает одно важное требование: *чтобы мы держали свой взгляд на Иисусе, взирая на Него.*

Мне бы хотелось дать вам еще одну важную причину, почему необходимо взирать на Иисуса. Это очень простая причина, очень практическая, и, вместе с тем, очень важная. **Все Евангелие сконцентрировано вокруг того, что Иисус сделал для нас.** Это предельно ясно изложено Павлом в Первом послании Коринфянам 15:3-4:

Ибо я первоначально преподал вам, что и сам принял, то есть...

(«*Ведь я передал вам, как самое важное, то, что и сам принял...*» — перевод Института перевода Библии в Заокском, который ближе всего к переводу, которым пользуется автор — примеч. редактора.)

Заметьте, что имеется степень важности в Божьих делах, но то, что Павел говорит здесь имеет первостепенную важность. И он делает три простых утверждения, каждое из которых связано с Иисусом.

...что Христос умер за грехи наши, по Писанию, и что Он погребен был и что воскрес в третий день, по Писанию...

Это и есть Евангелие. Это факты первостепенной важности. Все остальное имеет второстепенную важность в Евангелии, по срав-

28

нению с этими тремя фактами, в каждом из которых в центре — Иисус: **1) Он умер; 2) Он был погребен; 3) Он воскрес на третий день.** Мы никогда не можем позволить себе поставить что-либо еще выше этих трех фактов об Иисусе. Мы должны быть осторожны, чтобы никогда не отвлечься от этих основных истин, сосредоточенных на Иисусе.

Павел предостерегает об этом Тимофея в своем послании, написанном из тюрьмы незадолго до конца его земной жизни. Второе послание Тимофею 2:8-9:

Помни (Господа) Иисуса Христа от семени Давидова, воскресшего из мертвых, по благовествованию моему, за которое я страдаю даже до уз, как злодей; но для слова Божия нет уз.

(«*А главное, не забывай, что (Господь) Иисус Христос, потомок Давида, из мертвых был воскрешен. Это и есть Благая Весть, которую я возвещаю»* — Версия Института перевода Библии в Заокском — примеч. редактора.)

Отметьте эти ключевые слова: «*Помни Иисуса Христа... воскресшего из мертвых... Это мое Евангелие...*». Как просто! Это как раз то, что он сказал в 15-й главе Первого послания Коринфянам, — все послание Евангелия сосредоточено на Иисусе: Его смерти, Его погребении и Его победном воскресении.

Павел также говорит Тимофею: «*Пусть ничто не отвлечет твоего внимание от* этих центральных истин, но сфокусируй свой взгляд на Иисусе». Существует великая опасность для христиан — перевести внимание на второстепенное и углубится в частности (лишится простоты и естественности) или стать слишком духовным (искать только духовных переживаний). Многие христиане углубившись в духовность потерялись. Люди иногда говорят мне после моей проповеди: *«Брат Принс, это была проповедь с особой глубиной»*. А я невольно задаюсь вопросом: *«Неужели я сделал что-то не так?»* В определенном смысле, я не хочу идти слишком глубоко. Мне бы не хотелось идти так глубоко, чтобы люди потеряли из поля зрения Иисуса и центральные факты Евангелия: Его смерть, Его погребение, Его воскресение.

Позвольте мне адресовать вам то увещевание, которое Павел дал Тимофею: *«Помните Иисуса Христа, воскресшего из мертвых»*. Один очень важный практический способ помнить Иисуса — через хлебопреломление, причастие. Иисус сказал: «Делайте это так часто, как можете, в воспоминание обо Мне». Это очень простой, Библейский, практический способ помнить Иисуса и сфокусировать свое внимание на Нем. Помните, Он сказал: *«Делайте это так **часто**, как вы можете»*, не так редко, как вы делаете это.

Если вы желаете самого лучшего Божьего, сфокусируйте свой взор на Иисусе!

Глава 5

ПРЕБЫВАЙТЕ В СЛОВЕ БОЖЬЕМ

Третье, наиболее важное, что вам надо делать, если вы желаете самого лучшего Божьего — *это пребывать в Слове Божьем, размышлять над Словом, наполнить свой разум Словом.*

Давайте обратимся к примеру Иисуса Навина и указаниям, которые Господь дал ему, когда Израиль, под его руководством, был на пороге входа в свое наследие. Книга Иисуса Навина 1:8:

> *Да не отходит сия книга закона от уст твоих; но поучайся в ней день и ночь, дабы в точности исполнять все, что в ней написано: тогда ты будешь успешен в путях твоих и будешь поступать благоразумно.*

Эта последняя фраза: «...ты будешь успешен в путях твоих и будешь поступать благоразумно» (в англ. переводе: «...тогда твой путь будет успешен и ты будешь иметь действительный успех» — примеч. переводчика), подразумевает: «...ты достигнешь самого лучшего Божьего». Каковы же условия? Они состоят из трех частей и все они связаны со Словом Божьим.

Во-первых, Слово *«не должно отходить от уст твоих»*. Во-вторых, *«поучайся («размышляй», «пребывай») в нем день и ночь»*, что означает постоянно. В-третьих, *«в точности исполняй все, что в нем написано»*. Иногда я выражаю это в трех простых фразах. Если вы желаете самого лучшего Божьего, достигать успеха в путях своих, то вам необходимо делать следующее: *размышлять* о Божьем Слове, *говорить* Божье Слово и *действовать* по Божьему Слову.

Размышление идет первым потому, что **если вы не размышляете, вы никогда не сможете полноценно говорить. Если вы не будете думать и говорить, вы никогда не сможете полноценно действовать.** В результате придет тот самый полный успех — самое лучшее Божье.

Вы можете сказать: *«Ну, это был Иисус Навин. Как я узнаю, что это будет действовать для меня?»* Первый Псалом имеет подобное обетование с аналогичными наставлениями — и это действует для всякого, принимающего эти условия. Не имеет значения, кто этот человек, имеет значение только то, выполнены ли условия. Псалом 1:1-3:

Блажен муж, который не ходит на совет нечестивых и не стоит на пути грешных, и не сидит в собрании развратителей; но в законе Господа воля его, и о законе Его размышляет он день и ночь! И будет он как дерево, посаженное при потоках вод, которое приносит плод свой во время свое, и лист которого не вянет; и во всем, что он ни делает, успеет.

Обратите внимание на последние слова: *«...во всем, что он ни делает, успеет* (буквально: *«будет успешен»*)*»*. Это и есть достижение самого лучшего Божьего. Это истинный успех. Это обетование исполнится в жизни каждого исполняющего данные требования. Условия состоят из пяти частей. Первые три отрицательные, то есть то, чего делать не следует:

1. Не ходить на совет нечестивых.

2. Не стоять на пути грешников.

3. Не сидеть в собрании развратителей.

Ключевой вопрос в том, чьими советами вы руководствуетесь в жизни. Если вы принимаете советы из ложного источника, то вся ваша жизнь пойдет в ложном направлении. Затем следуют два положительных условия:

4. Иметь волю в законе Господа (в других переводах: *«иметь стремление к закону и наслаждение им»* — примеч. редактора)*.*

5. Размышлять о законе Его день и ночь.

Заметьте, что в центре обоих позитивных условий — закон Господа или Слово Божье. Во-первых, вы должны находить удовлетворение в Его законе. Во-вторых, вы должны размышлять о нем день и ночь. Заметьте еще, что правильное размышление — это ключ к успеху. Пребывать в Слове Божьем день и ночь — это не просто тратить десять минут в день на чтение вашей Библии, но это так **наполнять свое мышление Библией**, что она заполняет ваши мысли на протяжении всего дня. Вы должны всегда питать себя тем, что позитивно, устроет вас и вдохновляет вашу веру.

Видите ли, то о чем вы думаете, в действительности окажется решающим для вас, как вы проживете свою жизнь. Я иногда объясняю это так: Человеческая личность похожа на айсберг у которого семь восьмых массы скрыто под водой. Очень небольшая часть айсберга на самом деле видна над поверхностью воды по сравнению с тем, что сокрыто под поверхностью воды. Это также истинно по отношению к человеческой личности. О чем человек думает, то и определит курс его или ее жизни. Если вы размышляете о праведном и живете праведной жизнью, тогда вы достигните результатов, обещанных Богом: успех и процветание (в Библейском смысле этих понятий), т.е. самого лучшего Божьего.

Давайте рассмотрим место Писания, которое еще раз подчеркивает, что образ нашего мышления является решающим в нашем опыте. Бог говорит в Книге пророка Исаии 55:8-13:

Мои мысли — не ваши мысли, ни ваши пути — пути Мои, говорит Господь.

Заметьте, Бог начинает с мыслей, и Он говорит, что наши естественные мысли — это не Божьи мысли.

Но, как небо выше земли, так пути Мои выше путей ваших, и мысли Мои выше мыслей ваших.

Как же мы тогда сможем начать думать Божьими мыслями? Бог дает ответ в следующих словах:

Как дождь и снег нисходит с неба и туда не возвращается, но напояет землю, и делает ее способною раждать и произращать, чтоб она давала семя тому, кто сеет, и хлеб тому, кто ест: так и слово Мое...

Итак Божьи пути и Божьи мысли на Небесном уровне; а наши пути и наши мысли на земном уровне — намного ниже Божьих. Но Божье Слово переносит Его пути и Его мысли вниз, с Небес, в нашу жизнь и сердца, производя необходимые результаты. Бог продолжает говорить в Книге пророка Исаии 55:11 относительно Его Слова:

...оно не возвращается ко Мне тщетным, но исполняет то, что Мне угодно, и совершает то, для чего Я послал его. Итак вы выйдете с веселием и будете провожаемы с миром; горы и холмы будут петь пред вами песнь, и все дерева в поле рукоплескать вам. Вместо терновника вырастет кипа-

рис; вместо крапивы возрастет мирт...

Это результат Божьего Слова, сошедшего с Небес, принятого в наши сердца, заполнившего наши мысли и заменившего наши пути и наши мысли Божьими путями и Божьими мыслями. Божье Слово приносит Божьи пути и Божьи мысли в наши сердца и жизнь. Когда наш разум наполняется Божьим Словом, мы начинаем думать Божьими мыслями. Вся наша мыслительная жизнь полностью изменяется.

Какой прекрасный язык использован для описания результатов этого: **мир**, ты выйдешь с миром; **радость**, ты выйдешь с веселием; **хвала**, даже природа будет славить и *«дерева в поле будут рукоплескать вам»*; и **плодоносность**, вместо терновника и колючек — вырастет мирт и кипарис. Вот что случится в нашей жизни, когда Слово Божье приходит к нам, мы его принимаем и начинаем размышлять над ним. Наши собственные пути и наши собственные мысли похожи на терновник и колючки — они не продуктивны и бесполезны. Но когда они заменены Божьим Словом, тогда вместо терновника и колючек вырастает кипарис и мирт.

Вы должны понимать замену своих собственных путей и мыслей Божьими путями и Божьими мыслями как ключ к успеху. Вам также следует развить практику размышления в Божьем Слове днем и ночью. Пребывать в Божьем Слове — это учиться думать Божьими мыслями, как Он, через принятие Его слова в свое сердце и разум.

Если вы желаете самого лучшего Божьего, пребывайте в Слове Божьем!

Глава 6

ПОДРУЖИТЕСЬ СО СВЯТЫМ ДУХОМ

Четвертое, что вы должны сделать: «Если вы желаете самого лучшего Божьего, — *подружитесь со Святым Духом*». Я сознательно использовал фразу, которая подчеркивает то, что Святой Дух является Личностью. Для многих христиан Дух является своего рода отвлеченным богословским понятием. Они осознают то, что Бог Отец — это Личность, что Иисус Христос является Личностью, но они не осознают, что **Святой Дух является Личностью**. Тем не менее, согласно Священному Писанию — это факт. Святой Дух является такой же Личностью, как Отец и Сын.

Он также сравнивается с голубем. Одно из важных качеств голубя то, что он является очень пугливым созданием. И если вы не ведете себя правильным образом в присутствии голубя, то он просто улетит. Я думаю, что эта истинно и в отношении к Святому Духу. В определенном смысле, Он робок. Если мы не реагируем на Его присутствие правильным образом, Он просто уходит.

Мне бы хотелось процитировать отрывок

из Священного Писания, где Иисус говорит Своим ученикам о Святом Духе, как о Личности, и о том, что Святой Дух сделает в нашей жизни. Евангелие от Иоанна 16:12-15:

Еще многое имею сказать вам (то есть ученикам), *но вы теперь не можете вместить. Когда же приидет Он, Дух истины, то наставит вас на всякую истину; ибо не от Себя говорить будет, но будет говорить, что услышит, и будущее возвестит вам. Он прославит Меня, потому что от Моего возьмет и возвестит вам. Все, что имеет Отец, есть Мое; потому Я сказал, что от Моего возьмет и возвестит вам.*

Во-первых, заметьте, что Иисус говорит таким образом, что всякий раз подчеркивает Личность Святого Духа. Он сказал: *«Когда же приидет Он, Дух истины...»*, — и так далее. В греческом языке, на котором эти слова переданы нам, существует три рода: мужской, женский и средний. Средний род — это *«оно»*. В греческом языке слово *«дух»* — *пневма* — это средний род. Другими словами, местоимение, используемое со словом *«дух»*, должно быть *«оно»*. Но Иисус нарушает закон грамматики и говорит не *«когда оно»*, а *«когда же приидет Он, Дух истины...»*. Другими словами, Он старается подчеркнуть, что в лице Духа Святого мы имеем дело с Личностью.

Затем Иисус говорит о том, что Святой Дух будет делать. Он сообщит то, что Он услышит, принося нам последние новости с Небес. Он покажет нам, что должно наступить, открывая нам будущее. Затем Иисус сказал: «... *Он прославит Меня, потому что от Моего возьмет и возвестит вам. Все, что имеет Отец, есть Мое...*». Это в высшей степени важно. Все, что имеет Отец, принадлежит Сыну. И всем, чем владеет Сын, управляет (распределяет) Дух. Если вы соедините это, то получится, что Дух Святой является Распорядителем всего Божьего изобилия. Все, что имеет Отец, и все, что имеет Сын, Они имеют вместе. Но именно Святой Дух берет это изобилие Отца и Сына и делает доступным для нас.

Таким образом, вы можете быть законными детьми Божьими, но быть отрезанными от изобильных источников Божьих, если не будете иметь правильных отношений со Святым Духом, потому что Святой Дух является Распорядителем всех Божьих богатств.

Иисус снова обращается к Своим ученикам в Евангелии от Иоанна 14:15-18:

Если любите Меня, соблюдите Мои заповеди. И Я умолю Отца, и даст вам другого Утешителя, да пребудет с вами вовек...

Это Святой Дух. Когда Иисус говорит о «*другом*», вместо Себя, Он подчеркивает, что Святой Дух является Личностью.

Духа истины, которого мир не может принять, потому что не видит Его и не знает Его; а вы знаете Его, ибо Он с вами пребывает и в вас будет. Не оставлю вас сиротами; приду к вам.

Отметьте два очень важных факта:

1) ***Иисус приходит к нам в Святом Духе***;

2) ***пока мы не будем правильно относиться к Святому Духу, мы будем подобно сиротам***, даже если мы действительно являемся сынами Божьими. Как видите, только Святой Дух дает нам способность жить как истинные сыны Божьи. Это очень ясно показано апостолом Павлом в Послании к Римлянам 8:14:

Ибо все, водимые Духом Божиим суть сыны Божии.

Слово *«водимые»* находится в настоящем продолжительном времени, т.е. *постоянно водимые* Духом Божиим. А слово *«сыны»* подразумевают зрелых, дееспособных сыновей; не просто младенцев или детей, но взрослых сыновей Божьих. Приняв новое рождение от Святого Духа, мы являемся младенцами. Но чтобы стать зрелыми сынами Божьими, нам необходимо идти дальше, развивая постоянные взаимоотношения со Святым Духом. Мы должны быть постоянно водимы Святым Духом и Павел говорит это очень определенно: *«...все (постоянно) водимые Духом Божиим, суть сыны Божий»*.

Итак, чтобы стать дитем Божьим, нужно родиться свыше от Святого Духа, но **чтобы стать зрелым сыном Божьим, необходимо развивать взаимоотношения со Святым Духом, посредством ежедневного и постоянного водительства Святым Духом.**

По моим наблюдениям сегодня в Церкви существуют много людей, которые были воистину рождены от Бога, но которые не живут под постоянным водительством Божиим. Они знают новое рождение, но они не понимают, что только постоянные взаимоотношения со Святым Духом могут сделать их способными жить жизнью зрелых сынов Божьих.

Итак, если вы желаете самого лучшего Божьего, вы должны развивать правильные взаимоотношения со Святым Духом как Личностью. Он является вашим личным Проводником, Распорядителем богатств Божьего Царства и только Он может дать вам все это.

Есть еще один важный факт в наших взаимоотношениях со Святым Духом. Мы должны **быть почтительными и чуткими по отношению к Нему.** Павел показывает это очень ясно в Послании к Ефесянам 4:30-31:

> *И не оскорбляйте Святого Духа Божия, Которым вы запечатлены в день искупления. Всякое раздражение и ярость, и гнев и крик, и злоречие со всякою злобою да будут удалены от вас.*

Мы говорили в начале, что Святой Дух сравнивается с голубем, чуткой птице, которую легко вспугнуть. Итак, когда Павел говорит: «...не оскорбляйте Святого Духа», — другими словами: «не спугните этого голубя». Затем он упоминает то, что пугает голубя: *раздражение, ярость, гнев, крик, злоречие со всякою злобою.* Мы должны быть очень осторожными в том, чтобы не говорить и ничего не делать такого, что спугнет этого замечательного голубя, потому что только Он один может ввести нас в наше наследие и сделать нас способными жить ежедневно как зрелые сыны Божий.

Если вы желаете самого лучшего Божьего, подружитесь со Святым Духом!

Глава 7

СЛУШАЙТЕ СЛОВО БОЖЬЕ И ПОДЧИНЯЙТЕСЬ ЕМУ

Мы достигли пятого варианта завершения предложения: «Если вы желаете самого лучшего Божьего, — *слушайте Слово Божье и подчиняйтесь Ему*». Вы должны научиться слышать Божий голос и подчиняться Ему. Мы не приобретаем эту способность естественным образом. В определенном смысле, плотская Адамова природа рождается глухой к голосу Божьему. Для ветхого Адама — нашей плотской природы — слышание Божьего голоса не является чем-то естественным. Это нечто, чему нужно научиться, что необходимо развивать — заботливо и бережно.

Мир сегодня наполнен шумом бесчисленных голосов, который дует на нас, давит на нас, требует нашего внимания. Но в то же время, посреди всего этого есть тихий, спокойный голос Бога, который наполнен бесконечной мудростью и властью и ведет нас к нашему благополучию.

Мне бы очень хотелось, чтобы вы обнаружили для себя ту невероятную мотивацию культивировать способность слышать голос Божий, которая заложена в Писании. Успех наших взаимоотношений с Богом и наше хождение с Ним зависит от слышания Его голоса.

Хочу привести несколько конкретных примеров. Во-первых, в вопросе получения исцеления и здоровья от Бога. Без сомнения, Писание ясно утверждает, что ключом к исцелению и здоровью является способность слышать Божий голос. Это наглядно показано в книге Исход 15:26, где Моисей говорит детям Израиля:

…Если ты будешь слушаться гласа Господа, Бога твоего и делать угодное пред очами Его, и внимать заповедям Его, и соблюдать все уставы Его: то не наведу на тебя ни одной из болезней, которые навел Я на Египет; ибо Я Господь, Целитель твой.

Дословно на еврейском это звучит так: *«Если ты слушая, будешь слышать голос Господа, Бога твоего».* По-еврейски это очень выразительное выражение. Оно означает слушать голос Господа с максимальным вниманием, со всем старанием. Тогда Бог предлагает вам стать вашим личным Врачом. Но основное условие — это старательное слушание гласа Господа.

По словам Моисея, что ключом ко всем Божьим благословениям является слушание Божьего голоса и подчинении этому голосу.

Второзаконие 28:1-2:

Если ты, когда перейдете за Иордан, будешь слушать гласа Господа, Бога твоего, тщательно исполнять все заповеди Его, которые заповедую тебе сегодня: то Господь, Бог твой, поставит тебя выше всех народов земли. И придут на тебя все благословения сии, и исполнятся на тебе, если будешь слушать гласа Господа, Бога твоего.

Здесь то же самое условие: *«Если слушая, ты будешь слушать голос Господа, Бога твоего...»*. Обратите внимание, дважды Моисей повторяет, что ключевое условие — это слушание и подчинение гласу Бога. Он говорит, что если вы делаете это, то *«придут на тебя все благословения сии, и исполнятся на тебе»*. Вам не нужно гоняться за благословениями, они сами найдут и догонят вас, если вы будете развивать слышание голоса Бога.

С другой стороны, немного далее Моисей предупреждает, что если мы не будем слушаться голоса Господа, Бога нашего, то произойдет полностью противоположное: вместо благословений придут проклятия. Второзаконие 28:15:

Если же не будешь слушать гласа Господа, Бога твоего, и не будешь стараться исполнять все заповеди Его и постановления Его, которые я запо-

ведую тебе сегодня: то придут на тебя все проклятия сии и постигнут тебя.

Итак, если мы не слышим и не повинуемся голосу Господа, то это принесет на нас все проклятия. Тогда как слышание и исполнение приносит все благословения. Здесь лежит водораздел между благословениями и проклятиями. С одной стороны — слышание и подчинение гласу Господа, с другой — не слышание и не исполнение гласа и воли Господа.

В Книге пророка Иеремии 7:22-23, Господь делает это ключевым условием принадлежности к Его народу. Он говорит Израилю:

Ибо отцам вашим Я не говорил и не давал им заповеди в тот день, в который Я вывел их из земли Египетской, о всесожжении и жертве; но такую заповедь дал им: слушайтесь гласа Моего, и Я буду вашим Богом, а вы будете Моим народом...

Бог говорит, что постановления закона, относящиеся к храму, священничеству и жертвам являются второстепенными. Первое, что Он ожидал от них, выведя их из Египта, было не жертва, не всесожжение и не исполнение предписаний закона. Он призывал их слушать и повиноваться Его голосу. Другими словами, Он говорит: *«Жертвы хороши, если они происходят от слушания Моего голоса, но если вы просто приносите жертвы, не слушая Мой голос, это не делает вас Моим народом. Вы будете Моим народом, если будете слушать и повиноваться Моему голосу».* Это самое короткое и четкое утверждение в Писании о том, что значит быть Божьим народом. *«Слушайте гласа Моего и Я буду вашим Богом, и вы будете Моим народом».*

Это не изменилось и в Новом Завете, где условия принадлежности Иисусу Христу точно такие же. Иисус излагает их очень просто в Евангелии от Иоанна 10:27:

> *Овцы Мои слушаются голоса Моего, и Я знаю их, и они идут за Мною.*

Кого Иисус называет «Своими овцами»? Не католиков, протестантов, баптистов, методистов или кто-то еще. Но людей, которые слышат Его голос и следуют за Ним — именно таких людей Иисус считает Своими. Если вы не слышите Его голос, то не можете следовать за Ним. Слышание Божьего голоса — вот, что отличает истинный народ Божий.

В связи с темой слушания Божьего голоса мне бы хотелось дать вам два важных предупреждения. Во-первых, ***культивируйте незамедлительное послушание***, подчеркиваю — *незамедлительное*. Библия ставит Авраама в качестве примера для всех верующих. И одно из качеств веры Авраама, поставленной нам в пример, заключается в том, что когда бы Авраам ни слышал Божий голос, он повиновался Ему незамедлительно, не мешкая. Вот пример из книги Бытие 22:2-3:

Бог сказал: возьми сына твоего, единственного твоего, которого ты любишь, Исаака; и пойди в землю Мориа, и там принеси его во всесожжение на одной из гор, о которой Я скажу тебе. Авраам встал рано утром, оседлал осла своего, взял с собою двоих из отроков своих и Исаака, сына своего...

Заметьте, Авраам встал рано утром на следующий день. Он решил повиноваться услышанному от Бога настолько скоро, насколько возможно. Хочу сказать вам из своего опыта и из наблюдений, что чем дольше вы откладываете повиновение Богу, тем тяжелее оно становится. Единственный простой путь повиноваться Богу — это повиноваться Ему безотлагательно, — сразу, как только Он сказал.

Давайте посмотрим на отрицательный пример того, кто оттягивал повиновение Богу — это жена Лота. Она согласилась покинуть Содом, но делала это так медленно, что так и не смогла спастись оттуда. Она оглянулась и обратилась в соляный столб. Один из самых коротких стихов учения Иисуса, записанный в Евангелии от Луки 17:32, гласит: *«Вспоминайте жену Лотову».* Другими словами — не откладывайте с исполнением — потом может быть слишком поздно.

Второе предупреждение, которое мне бы хотелось дать вам, это **быть готовым выглядеть глупым в глазах людей**. В Первом послании Коринфянам 1:25, Павел говорит: «*...немудрое Божие премудрее человеков, и немощное Божие сильнее человеков*». Если вы верите, что мнение людей является важным и мудрым, то можете упустить Божье. В Первом послании Коринфянам 3:18, Павел говорит очень выразительно:

Никто не обольщай самого себя: если кто из вас думает быть мудрым в веке сем, тот будь безумным, чтоб быть мудрым.

Чтобы стать воистину мудрым, вы должны сначала стать безумными. Многие люди претыкаются на этом, но это подтверждается множеством примеров из Библии. Ной строил корабль на сухой земле, когда никто не видел дождя. Это было глупо, но в этом была мудрость Божия. Нееман, военачальник царя Сирийского, сошел к реке Иордан и, окунувшись в ней семь раз, показал свое прокаженное тело. Это выглядело глупо! Но он был исцелен! В 9-й главе Евангелия от Иоанна мы находим слепорожденного, которому Иисус помазал глаза грязью и сказал: «*...пойди, умойся в купальне Силоам*». Как глупо он, должно быть, выглядел, нащупывая себе путь к купальне Силоам с грязью на лице, но он прозрел!

Могу вспомнить ситуацию из своей собственной жизни в те годы, когда я проповедовал Евангелие в Восточной Африке. Я проводил серии семидневных служений и в конце каждой проповеди делал призыв: *«Если кто-то хочет, чтобы я молился за их исцеление, встаньте и я буду молиться за вас».* Там была слепая женщина, которую приводил на собрание мальчик. Каждый раз, на протяжении шести дней, она вставала, я молился и ничего не происходило. Меня стала смущать эта ситуация. На седьмой день она была там снова, но я все равно сделал призыв: *«Если вы хотите, чтобы я молился за ваше исцеление, поднимитесь на ноги!»* И не было ничего удивительного в том, что она опять встала. Мне стало жаль эту бедную женщину: *«Что будет с ней, если она опять не получит исцеление?»* Но я закрыл свои глаза и помолился. Когда же я открыл глаза, то увидел ее выходящую вперед, без помощи мальчика-поводыря. Она вышла и засвидетельствовала об исцелении своих глаз. Как видите, сначала она должна была стать безумной.

Если вы желаете самого лучшего Божьего, слушайте голос Божий и подчиняйтесь Его Слову!

Глава 8

БУДЬТЕ ВНИМАТЕЛЬНЫ, КАК И ЧТО ВЫ СЛУШАЕТЕ

Шестой способ закончить предложение, это: «Если вы хотите самого лучшего Божьего, — *будьте внимательны, как и что вы слушаете*».

Очевидно, это имеет близкое отношение к предыдущей теме, — мы продолжаем тему слушания. Как уже было сказано, через всю Библию от Ветхого Завета до Нового Завета, первейшим условием принадлежности к Божьему народу, являются слушание и подчинение Его голосу. В Ветхом Завете, Бог говорил Израилю: «*Слушайте гласа Моего, и Я буду вашим Богом, а вы будете Моим народом*». В Новом Завете Иисус говорил: «*Овцы Мои слушаются голоса Моего, и Я знаю их, и они идут за Мною*». Это требование никогда не изменялось никогда и ни при каких обстоятельствах.

Мы пойдем дальше и поразмышляем о том, что включает в себя слушание Божьего голоса. Иисус сделал два интересных утверждения в разное время. Однажды Он сказал: «*Замечайте, **что** слышите*», — а позже сказал: «*Замечайте, **как** вы слушаете*». Давайте разберем оба высказывания и посмотрим, о чем они говорят нам.

Сначала рассмотрим первое высказывание — «*Замечайте, что слышите*», из Евангелия от Марка 4:23-25, где Иисус начинает так: «*Если кто имеет уши слышать, да слышит!*» Я понимаю, что это означает: «*Если кто имеет уши, чтобы слышать голос Божий, да слышит!*» Я указывал, что мы не имеем естественную (данную от рождения) способность слышать голос Бога. Это что-то, что мы должны получить от Духа Святого. Это что-то, что должно культивироваться (быть развито). И затем Иисус продолжает:

> *И сказал им: замечайте, что слышите: какою мерою мерите, такою отмерено будет вам и прибавлено будет вам слушающим. Ибо, кто имеет, тому дано будет, а кто не имеет у того отнимется и то, что имеет...*

Здесь Иисус раскрывает три принципа. Во-первых, основное условие — это иметь способность слышать, — слышать голос Божий. «*Если кто имеет уши слышать, да слышит!*»

Во-вторых, слушанием правильным (или слушанием правильного), мы умножаем свои духовные ресурсы. Иисус говорит: «*...и прибавлено будет вам слушающим*». Какою мерою мерите, такою отмерено будет вам. Насколько вы отдаете себя слушанию Божьего голоса, настолько Бог отдаст Себя вам. Другими словами, **мы определяем меру, в которой Бог передаст Себя нам**. В какой мере мы слушаем, в такой же мере мы и получаем Бога.

Третий принцип такой, что неправильным слушанием или отсутствием слышания мы истощаем наши духовные ресурсы и в конце концов станем духовными банкротами. Иисус говорит: «... *кто имеет, тому дано будет, а кто не имеет, у того отнимется и то, что имеет*». В своей жизни я нередко встречал христиан выглядевшими полными банкротами, но которые в прошлом были в обильном благословении Господнем. Что обанкротило их? Они потеряли способность слышать (они перестали развивать эту способность) и они начали слушать из неверного источника. Они отрезали себя от Бога и открыли себя злу, неправильным источникам, которые обанкротили их духовно.

Далее, Иисус сказал, чтобы мы были внимательны, как мы слушаем. Евангелие от Луки 8:18:

Итак наблюдайте, как вы слушаете; ибо, кто имеет, тому дано будет; а кто не имеет, у того отнимется и то, что он думает иметь.

Снова то же самое серьезное предостережение. То, каким образом мы открываемся для слышания Бога, определит то, каким образом Бог наделит нас Собой. Но если мы не соединены с Богом правильным слушанием, то мы становимся банкротами. Господь снова и снова обращает наше внимание на существование важного принцип увеличения и уменьшения в зависимости от того, что и как мы слышим.

Говоря о том, как мы слушаем, следует отметить еще один важный момент: *мы должны научиться, что следует принимать, а что отвергать.* В связи с этим, уместно обратится к словам Книги Иова 12:11:

Не ухо ли разбирает слова, и не язык ли распознает вкус пищи?

Ухо выполняет ту же функцию по отношению к словам, которые мы слышим, что и язык к пище, которую мы принимаем. Мы все знаем, что если мы возьмем что-нибудь в наш рот и это является горьким или неприятным, мы не проглотим это, а выплюнем. Здесь, в Книге Иова, сказано, что ухо должно делать то же самое по отношению к тому, что мы слышим. Если мы слышим нечто горькое, негативное или разрушающее нашу веру, тогда мы должны не принимать, — мы должны отвергнуть это.

Точно также, как язык распознает вкус пищи, так ухо распознает слова. Я часто говорю людям: *«Когда вы слушаете проповедника (или иного говорящего) делайте то же, что вы делаете, когда едите рыбу: глотай-*

те мясо и выплевывайте кости. Если вы проглотите кости, вы пожалеет об этом». Это простой пример того, что Иисус подразумевал, когда говорил: «Наблюдайте, как вы слушаете». Принимайте вовнутрь правильное, но держите неверное вне. Если вы позволите неправильному войти, то пожалеете об этом.

Другой принцип, связанный со слушанием, определен в Послании Римлянам 10:17:

Итак вера от слышания, а слышание от слова Божия.

Это чрезвычайно важная истина: **вера приходит от слышания**. Вам нет необходимости оставаться без веры. Помню когда я, будучи новообращенным христианином, лежал в больнице и врачи не могли вылечить меня. Я был безнадежен. Но однажды, Святой Дух оживил во мне эти слова: *«Вера (приходит) от слышания, а слышание от Слова Божия».* Если у вас нет веры, вы можете получить ее! Как вы получите ее? Через слышание. Слышание чего? Слова Божьего. Я начал слушать Божье Слово и благодаря этому пришла вера и, в конечном итоге, я был выписан из больницы. Я был исцелен не медицинскими средствами, но сверхъестественной силой Божьей, потому что получил веру от слышания Слова Божьего.

Теперь мне бы хотелось подчеркнуть следующую важную мысль: не только вера приходит от слышания, но и **неверие тоже при-**

ходит от слышания. Павел советует во Втором послании Тимофею 2:16-18, как следует вести успешную христианскую жизнь:

А непотребного пустословия удаляйся; ибо они еще более будут преуспевать в нечестии, и слово их, как рак (или как гангрена, это слово имеет оба значения), будет распространяться. Таковы Именей и Филит (это люди, которые распространяли ложное учение), *которые отступили от истины, говоря, что воскресение уже было, и разрушают в некоторых веру.*

Павел говорит, что если вы хотите сохранить вашу веру, вам не следует слушать подобного рода нечестивое пустословие и ложное учение. Потому что, если вы продолжаете слушать его, оно войдет в ваше сердце и в ваш разум и оно съест вашу веру также как рак съедает здоровую плоть. Развивайте практику правильного слушания — замечая то, что вы слушаете и как вы слушаете. Вера приходит от слышания Слова Божьего.

Отсюда логическое следствие: будьте внимательны при выборе своих друзей и партнеров, поскольку это будут люди, кого вы будете слушать больше всего. Вам следует желать слушать людей, которые имеют сказать что-то хорошее, а ни то, что разрушает вашу веру. Второе послание Коринфянам 6:14:

Не преклоняйтесь под чужое ярмо с неверными. Ибо какое общение правед-

ности с беззаконием? Что общего у света со тьмою?

Послание Ефесянам 5:11-12:

И не участвуйте в бесплодных делах тьмы, но и обличайте. Ибо о том, что они делают тайно, стыдно и говорить.

Не общайтесь с людьми, чья речь и поведение злы. Это отравит вас духовно. О позитивной стороне Павел пишет так во Втором послании Тимофею 2:22:

Юношеских похотей (англ. перевод: «злых желаний, свойственных юности») *убегай, а держись правды, веры, любви, мира со всеми призывающими Господа от чистого сердца.*

Другими словами, если вы собираетесь достичь хорошего, вы должны искать этого в правильном общении: с теми, кто призывает Господа от чистого сердца.

Если вы желаете самого лучшего Божьего, будьте внимательны, как и что вы слушаете!

Глава 9

ВЕЧНОЕ ПРЕЖДЕ ВРЕМЕННОГО

Седьмой способ завершения предложения таков: «Если вы хотите самого лучшего Божьего, — *заботьтесь более о вечном, чем о временном*».

Обратимся к отрывку, который сопоставляет вечное и временное. Второе послание Коринфянам 4:17-18:

Ибо кратковременное легкое страдание наше производит в безмерном преизбытке вечную славу, когда мы смотрим не на видимое, но на невидимое: ибо видимое временно, а невидимое вечно.

Павел говорит, что есть две категории вещей: временное и вечное. Временное это то, что мы можем видеть — вещи этого мира, с которыми мы соприкасаемся нашими органами чувств. Но вечные вещи — они невидимы. Они принадлежат другому, невидимому, вечному миру. Павел показывает очень важный принцип: наше легкое временное страдание производит безмерную, вечную славу, когда мы смотрим не на видимое, но на невидимое. Большинство из нас будут проходить страдания — давайте встанем лицом к этому факту. Рано или поздно, каждый из нас в своей жизни встретится с трудностями, лишениями и проблемами, которые произведут в нас нечто, имеющее вечную ценность, — но при одном основном условии: *когда мы продолжаем смотреть на невидимое*. Но, если мы отводим наши глаза от вечного и начинаем смотреть только на временное, на вещи этого мира, с которыми мы связаны нашими естественными чувствами, тогда наше страдание не будет больше производить в нас ту вечную славу, в которую мы должны войти согласно Божьему намерению.

Когда мы попадаем в беду или в страдание, очень важно, чтобы мы учились реагировать правильно. Правильная реакция — это не отвлечься от вечного из-за проблем и трудностей, но с постоянством и твердостью взирать на вечное и невидимое.

Павел намерено использует парадокс, когда говорит о видении невидимого. Как можно видеть невидимое? Ответ в том, что мы имеем связь с вечным не через наши естественные органы чувств, но благодаря вере. Мы контактируем с временным через чувства, а с вечным через нашу веру.

Немного дальше, в этом же послании, Павел говорит, что мы (христиане) ходим верою, а не видением. Другими словами, мы не находимся под влиянием временных вещей этого мира, с которыми контактируем нашими чувствами. Вместо этого мы ходим верою. Нами руководит, управляет, контролирует, движет и нас мотивирует невидимый мир, который есть вечный мир.

Во Втором послании Коринфянам 3:8, Павел дает еще одно крайне важное откровение, что вечное открывается нам в зеркале Божьего Слова. В Новом Завете Слово Божие часто сравнивается с зеркалом. Сказано, что это зеркало показывает нам не отображение физического, естественного, но оно показывает нам отображение невидимого, вечного — нашу духовную сущность и вещи духовного мира.

Мы же все, открытым лицом, как в зеркале, взирая на славу Господню, преображаемся в тот же образ от славы в славу, как от Господня Духа.

Опять показан тот же принцип. Только когда мы смотрим в зеркало Слова Божьего и видим там вечное и славу, которую Бог приготовил для нас, тогда Святой Дух работает над нами, преображая нас в образ этой славы. Если мы отводим свои глаза от вечного, Святой Дух не может больше работать в нас Своей преобразующей силой.

Иисус является Господом как вечного, так и временного. Он благословит нас в обоих реальностях, но только в том случае, когда мы правильно расставляем приоритеты (ставим вечное выше временного). Если наша приоритеты неправильны, тогда мы упустим благословения Господа и Дух Божий не сможет работать над нами.

Моисей является примером человека, который имел правильные приоритеты. Это описано в Послании Евреям 11:24-27:

> *Верою Моисей, пришед в возраст, отказался называться сыном дочери фараоновой, и лучше захотел страдать с народом Божиим, нежели иметь временное, греховное наслаждение, и поношение Христово почел большим для себя богатством, нежели Египетские сокровища; ибо он взирал на воздаяние. Верою оставил он Египет, не убоявшись гнева царского; ибо он, как бы видя Невидимого, был тверд.*

Обратите внимание на ключевую фразу: «...как бы видя Невидимого, был тверд». Он видел вечного Бога и вечные реальности. Как он видел это? Не своими чувствами, но верою. Именно по причине того, что Моисей верой имел связь с невидимой, вечной реальностью, он не оставил своего призвания и не опустился до уровня других ценностей. Моисей согласился оставить богатства Египта ради обретения вечных богатств Божьих. Его приоритеты были правильными, потому что глазами веры он смотрел на невидимые, вечные реальности.

В этой связи, мне хотелось бы дать вам очень важное предупреждение. Полагаю, оно особенно важно для нашей современной культуре и нашего общества. ***Не ищите богатства. Не делайте финансовое преуспевание своей целью.*** Павел сказал кое-что печальное и очень важное о христианах, которые гоняются за богатством в Первом послании Тимофею 6:9-11:

А желающие обогащаться впадают в искушение и в сеть и во многие безрассудные и вредные похоти, которые погружают людей в бедствие и пагубу (обращающие жизнь людей в руины и приводящие к гибели)*; ибо корень всех зол есть сребролюбие, которому предавшись, некоторые уклонились от веры и сами себя подвергли многим скорбям. Ты же, человек Божий, убегай сего, а преуспевай в правде, благочестии, вере, любви, терпении, кротости.*

Не гонитесь за богатством. Преследуйте вечные цели, ищите вечные богатства. Если вы гонитесь за временными богатствами, если ваши глаза направлены на них и вы делаете обогащение своей целью, то вы пожалеете об этом. Вы подвергнете себя многим скорбям. Вы попадёте в ловушку и *«во многие безрассудные и вредные похоти, которые погружают людей в бедствие и пагубу»*. Услышьте эти слова и, если ваше сердце сейчас находится в таком состоянии, развернитесь прямо сегодня в противоположном направлении.

Слава Богу, есть альтернатива — не гонятся за обогащением, но ревностно искать Царства Божьего, и позволить Богу наделить нас тем, в чем мы нуждаемся, с избытком, потому что Бог не скуп, Он щедрый. Как только Бог видит, что наши мотивы верны, Он может излить Свою щедрость на нас. Иисус сказал в Евангелии от Матфея 6:31-33:

Итак не заботьтесь и не говорите: «что нам есть?» или: «что пить?» или: «во что одеться?» Потому что всего этого ищут язычники и потому что Отец ваш Небесный знает, что вы имеете нужду во всем этом. Ищите же прежде Царства Божия и правды Его (это вечное) *и это все* (временное) *приложится вам.*

Есть большая разница между поиском временного и поиском вечного, когда вы позволяете Богу добавить вам временное. Ваши приоритеты должны находится в правильном порядке.

Если вы желаете самого лучшего Божьего, ищите прежде вечного, нежели мирского!

Глава 10

ПОЗВОЛЬТЕ БОГУ ВЫБИРАТЬ ДЛЯ ВАС

Последнее наставление: «Если вы желаете самого лучшего Божьего, — **позвольте Богу выбирать для вас**».

На меня произвели глубокое впечатление слова, сказанные Иоанном Крестителем в Евангелии от Иоанна 3:27:

> *Иоанн сказал в ответ: не может человек ничего принимать на себя, если не будет дано ему с неба.*

Ученики Иоанна Крестителя сообщили ему, что Некто, Кого он провозгласил Мессией, собрал больше учеников, чем сам Иоанн, и они ожидали, что Иоанн как-то опечалится после такой информации. Но он сказал: *«Ну и что же? Человек не может ничего принимать на себя, если не дано будет ему с Небес».* Часто многие проповедники, многие церкви и религиозные группы огорчаются, если кто-то другой имеет больше членов церкви, больше обращенных или более развитое служение. Но я считаю, нам нужно развивать отношение Иоанна, что *«не* может человек ничего принимать на себя, если не будет дано ему с Небес».

Однажды в своем служении я осознал, что нуждаюсь в очень глубоком понимании этого урока. Размышляя над этим, я сказал: *«Господь, Ты уверен, что это так? Я вижу много людей имеющих, но не вижу никакого свидетельства, что они получили это с Небес».* Тогда Святой Дух сказал мне: *«Есть разница между присвоением и получением».* Это открыло мои глаза! Я видел много людей, в том числе и христиан, занятых присвоением всего, до чего только могли дотянутся их руки. Очень часто они были жестоки и несправедливы со своими братьями-христианами и с окружающими людьми. Они тянули под себя все, что только могли потянуть. И Бог сказал мне: *«Это лишь присвоение. Ты не будешь иметь вечно всего того, что было захвачено тобой. Единственное, что останется у тебя в конечном итоге, это то, что было дано тебе с Небес».*

Итак, зачем тратить свои силы и старание на присвоение и обретение того, что вам не позволят иметь? Почему бы не расслабиться, не обратить свое лицо к Богу и сказать: *«Боже, покажи мне, что Тебе благоугодно дать мне?»*

Однажды Иисус сказал Своим ученикам: *«Не бойся, малое стадо! ибо Отец ваш благоволил дать вам Царство».* Братья и сестры, если мы имеем Царство, зачем за что-то цепляться? Мы получаем Царство не потому, что мы присваиваем его, но потому, что Божье благоволение в том, чтобы дать нам Царство. Мы должны научиться делать паузу и проверять, не занимаемся ли мы присвоением и постараться увидеть, что Бог хочет дать. Зачастую, когда мы присваиваем или имеем захватническое отношение, мы не находимся в том состоянии, когда способны получить то, что Бог свободно предлагает нам.

За много лет жизни в Израиле мы часто слышали такую фразу: *«Я имею право на это, — оно мое!»* Это естественный образ мышления, но это не является образом мышления в Царстве Божьем. В Царстве Божьем мы говорим: *«Боже мой, Отец мой, что Ты благоволишь дать мне?»* Только это имеет значение. Только это пребудет всегда.

Бог сказал Израилю, Своему народу, в Псалме 46:3-5:

Ибо Господь всевышний страшен, — великий царь над всею землею; покорил нам народы и племена под ноги наши; избрал нам наследие наше, красу Иакова, которого возлюбил.

Бог не говорил Израилю выходить и искать лучший кусок земли и присваивать его. Он сказал, что даст им место, которое Он избрал. И Он называет эту землю *«красой»*. В других местах Библии она названа *славой всей земли*, *прекрасной страной, желанной землей*. **Божий выбор для них намного лучше**, чем если бы они сами выбирали для себя. Когда возник вопрос о вступлении в их наследие, Бог сражался за них и покорил народы под ноги их. Если мы идем сами и присваиваем, то Бог не сражается за нас, и, скорее всего мы ввяжемся в войну, которую проиграем. Но если мы входим в наше наследие, которое определено Им, то Бог сделает все необходимое, чтобы ввести нас туда.

Библия говорит нам об еще одном важном моменте — только войдя в наше наследие мы познаем **истинный покой**. Во Второзаконии 12:9, Моисей говорил Израилю, когда они еще стояли перед Иорданом:

Ибо вы ныне еще не вступили в место покоя и в удел, который Господь, Бог твой, дает тебе.

Заметьте, что именно Бог дал им их наследие, и когда они войдут в свое наследие, тогда они войдут в покой. Казалось бы, Бог обещает дать нам мир, но почему так много беспокойных христиан? Потому что они так и не вошли в свое наследие. Почему они не входят в свое наследие? Потому что они не позволяют Богу дать его им. Почему они не позволяют Богу дать его им? Потому что они пытаются захватить свое наследие сами.

Есть еще несколько важных моментов, касающихся того, что Бог дает нам. Во-первых, это чудесное утверждение, сделанное Иисусом в Евангелии от Иоанна 10:29. Давайте прочитаем один из многих современных переводов Библии. Я исследовал греческий текст и полагаю, что этот вариант лучше всего выражает смысл оригинала: «*Что Мой Отец дал Мне, — это больше всего…*»

Какое изумительное утверждение! В конце концов, самое важное и неодолимое во Вселенной, абсолютно надежное, определенное, нерушимое, несомненное и необратимое — это то, что дал Отец. Это больше всего остального. Это нечто, что ни силы злых правителей, ни демонов, ни самого ада никогда не могут разрушить, опрокинуть или расстроить.

Именно это было характерно для Иисуса, Он хотел только то, что давал Отец, и ничего больше. Не было такой силы, которая смогла бы забрать у Иисуса то, что дал Отец. Что истинно для Иисуса, то, в той же мере, истинно для вас и меня. **То, что Отец дал вам и мне больше, чем все остальное**. Не нервничайте и не будьте в напряжении. Если вы внутренне напряжены, то сам этот факт свидетельствует о том, что вы в действительности еще не вошли в то, что Отец дал вам. Если вы знаете, что Отец дал вам, вы можете улыбаться оппозиции. Дарованное Богом имеет абсолютную гарантию. Вся Вселенная направляется тем курсом, который дан Богом.

Вот слова Иисуса из Нагорной проповеди, записанной в Евангелии от Матфея 5:5:

Блаженны кроткие, ибо они наследуют землю.

Насколько вы можете осознать это? Они не захватывают землю, они наследуют ее. Захватчики будут выброшены вон. Таким будет конец всех захватчиков — жадных, нечистых в средствах, завистливых, действующих с насилием и нечестием. Библия говорит, что их больше не будет. Вы поищете нечестивца и не найдете даже места, где он был. Но кроткие будут наследовать землю. Это так важно, чтобы мы научились предоставлять Богу выбирать наше наследие для нас, и тогда мы постигнем, что то, что Отец дал нам, больше всего остального.

Позвольте мне завершить эту книгу «Если вы желаете самого лучшего Божьего...» высказыванием, которое я однажды слышал: *«Бог дает Свое лучшее тем, кто оставляет право выбора за Ним»*. Готовы ли вы оставить выбор за своим Отцом?

Если вы желаете самого лучшего Божьего, то позвольте Богу выбирать для вас!

Итак, если вы желаете самого лучшего Божьего...

1. ...желайте самого лучшего Божьего. Не соглашайтесь на меньшее.
2. ...сфокусируйтесь на Иисусе.
3. ...пребывайте в Слове Божьем.
4. ...подружитесь со Святым Духом.
5. ...слушайте и подчиняйтесь Слову Божьему незамедлительно.
6. ...будьте внимательны, как и что вы слушаете.
7. ...поставьте вечное выше временного. Расставьте правильно свои приоритеты.
8. ...позвольте Богу выбирать для вас.

Дерек Принс
ЕСЛИ ВЫ ЖЕЛАЕТЕ ЛУЧШЕГО БОЖЬЕГО…

Подписано в печать 03.12.2010г. Формат 84×108^{1}/$_{32}$
Печать офсетная. Тираж 10 000 экз.
Заказ № 2888 (10173А)

Отпечатано в типографии "Принткорп",
ЛП № 02330/04941420от 03.04.02009.
Ул. Ф.Скорины 40, Минск, 220141. Беларусь.

www.ingramcontent.com/pod-product-compliance
Lightning Source LLC
Chambersburg PA
CBHW071846020426
42331CB00007B/1877